RÉPONSE

DE L'ANCIEN

DES BOLLANDISTES

CORNEILLE DE BYE

AU

MÉMOIRE

DE M. DES ROCHES,

TOUCHANT LE TESTAMENT

DE S. REMI,

Inséré au deuxieme Tome des nouveaux Mémoires de l'Académie Impériale & Royale des Sciences & Belles-Lettres, établie à Bruxelles, donnés au jour cette Année 1780.

A BRUXELLES,

Chez MATH. LEMAIRE, Imprimeur-Libraire, Rue de la Magdelaine.

M. DCC. LXXX.

RÉPONSE

DE L'ANCIEN DES BOLLANDISTES CORNEILLE DE BYE.

AYant lu, il y a environ dix-fept ou dix-huit ans, le Commentaire fur la Vie de S. Remi, que le Pere Suyskens avoit fait, je m'étois fermement perfuadé, que ce qu'il y difoit touchant le plus ample des Teftamens, attribués à ce Saint, étoit fort folide & en montroit évidemment la fuppofition. J'étois alors bien éloigné de m'imaginer, qu'un jour on auroit rejetté le fentiment de ce Bollandifte comme mal fondé, & que j'aurois été obligé de prendre la plume à la main pour en défendre la vérité. Cependant ce cas vient d'arriver.

On a publié depuis peu en deux Tomes de nouveaux Mémoires de l'Académie Impériale & Royale des Sciences & Belles-Lettres, établie en cette ville, & au deuxieme Tome pag. 631 & les 29 ſuivantes il s'en trouve un, intitulé : *Examen du Teſtament de S. Remi.* M. Des Roches, Secretaire de la dite Académie, qui en eſt l'Auteur, y prétend, que ce que les Bollandiſtes & nommément le P. Suyskens ont dit touchant le Teſtament en queſtion, n'eſt rien moins que ſolidement établi, & que cette piece ne doit pas être rejettée comme apocryphe.

Il eſt vrai, que nous ne ſommes pas accoutumés de répondre à tous ceux, qui auroient attaqué à tort les opinions, que dans le cours de notre Ouvrage nos devanciers ont embraſſées. Cela retarderoit trop nos travaux ordinaires ; mais les circonſtances, dans leſquelles nous nous trouvons maintenant, m'ont fait juger qu'il étoit indiſpenſablement néceſſaire de répondre au moins cette fois-ci au Mémoire de M. Des Roches. Les Bollandiſtes ont ſeulement commencé cette année-ci de reprendre, ſous les auſpices de Sa Majeſté, la continuation de leur Ouvrage, & ſi, étant attaqués dans la ville même, où cette continuation s'eſt repriſe, ils laiſſoient en des circonſtances pareilles ſans réponſe le Mémoire, qui les décrie, plus d'un lecteur, ſéduit par les aſſertions de M. Des Roches, pourroit être tenté à croire qu'ils avancent nombre de choses, qu'ils ne prouvent pas & qu'ils ne sont même pas en état de prouver ; ce qui pourroit, à leur grand préjudice, fort décréditer ledit Ouvrage, dont ils vont bientôt donner au jour un nouveau Volume. Voilà donc la raison principale, pour laquelle j'ai jugé à propos de répondre à M. le Secrétaire de l'Académie. J'espere qu'il ne le prendra pas en mauvaise part. Toutes les loix, tant divines qu'humaines, permettent de se défendre, quand on est attaqué, & je ne crois pas par conséquent, que M. Des Roches s'arroge le droit d'attaquer, sans qu'il soit permis de lui résister. Le seul amour de la vérité, à ce qu'il proteste, l'a engagé à combattre le sentiment des Bollandistes, & c'est aussi ce même amour de la vérité, qui me porte à défendre leur sentiment; mais en le faisant, je me garderai bien de me servir d'expressions dures, hautaines & capables d'offenser. Ce n'est pas ainsi qu'on parvient à découvrir la vérité, & certainement ces sortes d'expressions ne conviennent pas à un homme judicieux, qui en attaquant des opinions qu'il regarde comme fausses & erronées, doit toujours se souvenir d'être lui-même sujet à l'erreur. Plusieurs personnes instruites, qui ont lu le Mémoire de M. Des Roches, prétendent qu'il n'a pas fait aſſez d'attention à ce principe, & je ne ſaurois dire avec certitude, ſi elles ont abſolument tort. Au reſte qu'on ne s'étonne pas, que contre notre coutume j'écrive en François. Je le fais parce que le Mémoire de M. Des Roches eſt écrit en cette langue ; & étant Flamand, j'eſpere, qu'à cette conſidération, on voudra bien me paſſer les défauts contre la pureté de la langue françoiſe, qui pourroient ſe trouver en ce diſcours. Entrons en matiere, & expoſons d'abord en détail le ſujet du Mémoire en queſtion.

L'Auteur s'évertue premiérement à faire croire, que les objections que les ſavans, & nommément les Bollandiſtes, ont jufqu'à préſent faites contre le plus ample des deux Teſtamens, attribués à S. Remi, ne ſont d'aucun poids, s'évanouiſſent dès qu'on les examine avec attention, ne produiſent, en aucune façon, la conviction, & n'auroient par conſéquent, point dû être faites. Enſuite il propoſe lui-même contre ledit Teſtament une objection, qui, à ce qu'il prétend, vaut bien toutes celles, que l'on a juſqu'à préſent imaginées, & puiſque celle-là même, comme il tâche de prouver par des auteurs contemporains, n'eſt point capable de porter atteinte à l'autenticité du même Teſtament, il en conclud, qu'on n'eſt point fondé à le rejetter comme une piece apocryphe, & qu'on ne ſauroit blâmer les Gens de Lettres, qui le croient authentique, vu que ce morceau a été d'ailleurs regardé pendant le cours de pluſieurs ſiecles comme l'Ouvrage de S. Remi, que Flodoard l'a inſéré dans ſon hiſtoire, & que Baudri en a cité des paſſages. Voilà à quoi ſe réduit le Mémoire ſuſdit, qui dès l'an 1778 a été lu à la Séance de l'Académie du 10 Mars. Je n'ai point diſcuté toutes les raiſons, que M. Des Roches y allegue pour réfuter ou énerver les argumens, que les ſavans ont employés pour montrer la ſuppoſition du Teſtament en queſtion. Mes occupations continuelles & indiſpenſables ne me l'ont point permis; mais j'ai au moins examiné avec attention les points, qui regardent ſpécialement les Bollandiſtes. Encore ai-je, pour ne pas être trop long, trouvé à propos de n'en toucher que ceux, qui m'ont paru ſuſceptibles d'une réfutation ſi claire & ſi préciſe, qu'il ſera, ſi je ne me trompe, tout-à-fait impoſſible, où du moins très-difficile d'y donner une bonne réponſe. Les points de cette nature, qui ſe trouvent au Mémoire de M. Des Roches, ſont au nombre de deux. Le premier contient ce que M. Des Roches dit par rapport à l'objection, que le Bollandiſte Suyskens a faite au ſujet du jeune homme, nommé Chlodoalde, que le Teſtament dit avoir donné à S. Remi la terre de Douzy, & avoir eu part dans la donation des terres de Coucy & de July, faite au même Saint du vivant de Clovis.

Le deuxieme a pour objet l'objection que M. Des Roches dit avoir inventée lui-même & être la plus forte de toutes celles, qui ont été faites juſqu'à préſent. En traitant du premier de ces deux points, je montrerai que le P. Suyskens a invinciblement prouvé la ſuppoſition du Teſtament, & en traitant du ſecond, je montrerai que M. Des Roches eſt tombé dans plus d'une erreur, & qu'il ne prouve pas par des auteurs contemporains, ce qu'il prétend démontrer par des autorités ſi reſpectables.

Commençons par ce dernier point, & écoutons avant tout, comment M. Des Roches parle de l'objection qu'il prétend avoir inventée.

Avant que de finir, dit-il pag. 561, *ce Mémoire, je propoſerai à mon tour une difficulté nouvelle, non pas une du genre qu'on a vu, & qui s'évanouiſſent dès qu'on les examine avec attention; mais une difficulté réelle & capable d'embarraſſer les plus habiles défenſeurs. Il eſt ſurprenant, que ceux, qui ont amaſſé tant de minces objections, ne ſe ſoient jamais aviſés de celle-ci. Elle est tirée de la quatrieme souscription au bas du Testament ; elle porte „ Medardus „ episcopus ", c'est S. Medard, Evêque de Noyon & de Tournay.* Voilà des forces bien formidables, que M. Des Roches attribue à l'objection, qu'il va nous proposer contre le Testament de S. Remi ; & qui après un tel debut, ne s'attendroit pas de sa part à une objection, dont la solution soit tout-à-fait impossible, où du moins très-difficile ? Il s'en faut cependant de beaucoup ; peu de mots pourroient faire disparoître cette redoutable difficulté ; mais M. Des Roches la croit trop importante pour être aussi laconique sur ce Chapitre. Voici comme il nous propose cette terrible & embarrassante objection.

Le Docteur Launoy, dit-il pag. 652, *à qui une critique quelquefois trop sévere, fit donner en France le nom de dénicheur des Saints, s'étant proposé de faire voir la supposition de la Vie de S. Medard, attribuée à Fortunat, a cru trouver une preuve décisive dans un endroit de cette Vie, où il est dit que S. Medard fut sacré par les mains de S. Remi. Selon le calcul de Baronius ce dernier mourut en 541. Selon le pere Pere Petau, ce fut avant l'an 535 ; & ce dernier sentiment est incontestable, parce que Flavius, un des successeurs de S. Remi, souscrivit le Concile de Clermont, tenu cette même année. S. Medard siégea quinze ans. „ Ter „ quinis annorum circulis ”, dit le Fortunat, vrai ou supposé „ pontificatus sui officium feli„ citer administravit ”. Baronius fait mourir S. Medard en 564. Adrien de Valois place cette mort en 560; ce qui est conforme à quelques anciens monumens. Si l'on adopte l'opinion de Baronius, S. Medard aura été fait Evêque en 549; si l'on suit Adrien de Valois, ce sera en 545; mais quelque système qu'on embrasse, il est impossible que S. Medard ait été Evêque avant la mort de S. Remi, sûrement antérieure à l'an 535, & par conséquent la souscription du Testament „ Medardus episcopus ”, ne sauroit être de lui.* Voilà donc l'objection, que M. Des Roches fait contre le Testament de S. Remi. Il se vante d'abord après les paroles, que je viens de transcrire, de s'en être apperçu le premier; mais puisque tous les savans, qui veulent prononcer sur l'authenticité des anciens instrumens, soussignés par des Evêques, examinent presque toujours avant tout, si ces Evêques ont vécu & siégé au temps que ces instrumens-là ont été faits ou donnés, est-il bien croyable qu'un Chifflet, qu'un le Cointe, qu'un Natalis Alexander & grand nombre d'autres critiques du premier ordre, qui ont tâché de prouver la supposition du Testament de S. Remi, ne se ſoient pas apperçus de cette objection-là? Non, non, cela ne paroît croyable en aucune façon, & je ne ſais s'il n'y a même pas une eſpece de témérité à ſoutenir le contraire. Mais, me dira-t-on, ſi les ſavans ſe ſont apperçus de cette objection, pourquoi ne s'en ſont-ils pas ſervis. *Je ne ſais*, dit M. Des Roches pag. 644, *par quel deſtin biſarre il eſt arrivé que les critiques, à qui le Teſtament a paru ſuſpect, aient toujours fait des objections qu'il ne falloit point faire, & n'ont jamais dit ce qu'il falloit dire.* Ainſi parle M. Des Roches, faiſant d'avance alluſion à l'objection qu'il nous propoſe enfin à la page 652. La ſuite de ce diſcours fera voir le cas qu'il faut faire de cette eſpece d'épiphoneme, & ſi les ſavans auroient dû, comme le veut M. Des Roches, ſe ſervir de cette objection-là préférablement à toutes les autres, qu'ils ont employées pour prouver la ſuppoſition du Teſtament. Je réponds cependant dès-à-préſent, que les ſavans, quoiqu'ils ſe ſoient très-vraiſemblablement fort-bien apperçus de l'objection ſuſdite, n'ont néanmoins pas voulu s'en ſervir, parce qu'ils ſe ſont en même-temps apperçus qu'elle n'étoit d'aucun poids. M. Des Roches aſſure bien, comme j'ai déja dit ci-deſſus, que cette objection-là vaut bien toutes celles, que les critiques ont imaginées jusqu'à présent; mais je ne saurois lui accorder ceci. Au contraire, je suis d'opinion, que ladite objection est une des plus minces, qui aient été faites jusqu'à présent, qu'elle mérite à peine le nom de difficulté, & que nommément le Bollandiste Suyskens auroit été très-mal avisé de s'en servir. Ce que je vais dire à ce sujet, fera voir, si j'ai tort. Fortunat, Auteur du sixieme Siecle, & par conséquent contemporain ou à peu près contemporain de S. Medard, a écrit la vie de ce Saint. Cette vie a été premierement donnée au jour par Dom d'Acheri dans le huitieme Tome de son Spicilege à commencer de la page 391, & le P. Papebrochius l'a ensuite tirée de plusieurs manuscrits & insérée dans le second Tome de Juin de l'Ouvrage Bollandien. On lit touchant S. Medard dans l'une & l'autre de ces deux Editions de ladite vie les paroles suivantes: *Cùm jam multimodis virtutum fulgeret studiis, famaque ejus per diversa orbis spatia gratiâ crescente præcelleret, defuncto viromandensium urbis Pontifice, in ejus locum consecratur Episcopus. Ubi conversatione cœlesti terquinis annorum circulis in sanctimonia ipsius officii Sacerdos extitit pretiosus*; ainsi donc il est tout-à-fait sûr par ce texte de la vie de S. Medard, écrite par Fortunat, que ce saint Evêque de Tournay

& de Noyon a été Evêque pendant l'eſpace de quinze ans. Mais d'où faut-il commencer ces quinze ans? Faut-il les commencer avec Baronius l'an 549, ou avec Valeſius dès l'an 545, ou bien encore plutôt? Henſchenius a publié dans l'Ouvrage Bollandien au 20 Février quatre vies différentes de S. Eleuthere, Evêque de Tournay, & il a prouvé très-clairement au §. 1. du Commentaire, dont il les a éclaircies, que ce ſaint Evêque eſt mort l'an 531. Enſuite le Pere Papebrochius, fondé ſur cette époque de la mort de S. Eleuthere, & ſachant tant par les vies de S. Medard, que par d'autres monumens, que celui-ci a immédiatement ſuccédé à S. Eleuthere dans le Siege de Tournay, il a lié (au huitieme Juin dans ſon Commentaire ſur les vies de S. Medard) cette ſucceſſion avec la même année 531, dans laquelle, comme il le voyoit démontré par Henſchenius, S. Eleuthere eſt venu à mourir. De plus ſachant, qu'on ne peut nier, que S. Medard n'ait été, avant que de parvenir au ſiege de Tournay, quelque tems Evêque du Vermandois, & qu'il en a même alors transféré le ſiege à Noyon, il a placé le commencement de l'Epiſcopat de S. Medard vers l'an 530.

Voilà le ſentiment qu'a ſuivi ce célebre Bollandiſte, & puiſque par tout ce que je viens de dire il paroît très-bien fondé, il en suit, que les quinze ans d'Episcopat, que Fortunat attribue à S. Medard, doivent être commencés d'environ l'an 530, & que par conséquent la mort de ce même Evêque doit être placée vers l'an 545, vers lequel le P. Papebrochius l'a aussi effectivement placée. Voyons maintenant, si le P. Suyskens auroit dû se servir de l'objection, tirée par M. Des Roches de la souscription *Medardus episcopus*. Il n'y a aucun lieu de douter, que ce Bollandiste n'ait eu devant les yeux les Commentaires sur les vies de S. Eleuthere, Evêque de Tournay, & de S. Medard, Successeur immédiat de celui-ci, que, comme je viens de dire, les Peres Henschenius & Papebrochius ont publiés. Il en avoit par conséquent appris, que S. Eleuthere est mort l'an 531, & que S. Medard lui est immédiatement succédé. Il en savoit aussi, que S. Medard avoit même avant cette année-ci été Evêque du Vermandois vers l'an 530 & que par conséquent il avoit pu soussigner comme Evêque le Testament de S. Remi, seulement fait l'an 532. Il en savoit en outre, que Fortunat attribue quinze ans d'Episcopat à S. Medard, & que par conséquent celui-ci doit être mort vers l'an 545.

Oui le P. Suyskens savoit assurément tout

cela, &, puiſqu'il le ſavoit, comment auroit-il pu ou voulu, pour prouver la ſuppoſition du Teſtament de S. Remi, ſe ſervir de l'objection, tant vantée par Mr. des Roches, & cependant uniquement fondée ſur l'époque de la mort de S. Medard, reculée par Baronius & Valeſius au-delà de l'an 559 ? Non, non le P. Suyskens n'a pas été auſſi mal-aviſé, que d'employer des objections fondées ſur des époques très-probablement fauſſes.

L'objection de M. Des Roches eſt trop mince, & s'évanouit à l'inſtant, quand on jette ſeulement les yeux ſur l'année de la mort de S. Eleuthere & de la ſucceſſion immédiate de S. Medard à celui-ci. Il faudroit, pour qu'elle fût de quelque poids, que l'opinion de Valeſius & de Baronius, qui reculent la mort de S. Medard au-delà de l'an 559, eût au moins quelque probabilité bien fondée; mais, puiſqu'eu égard aux raiſons, que Papebrochius & Henſchenius alleguent dans les commentaires ſuſdits, l'opinion, qui place le commencement de l'Epiſcopat de S. Medard vers l'an 530 & par conſéquent ſa mort vers l'an 545, ne paroît aucunement douteuſe, quelle probabilité peut avoir l'opinion de Valeſius & de Baronius, dont le premier fait mourir S. Medard l'an 560, & l'autre l'an 564 ? Aſſurément il ne paroît pas, que cette probabilité-là puisse être bien solidement établie. Mais laissons là pour quelques momens l'opinion, qui place la mort de S. Medard vers l'an 545, & sans avoir égard aux raisons, sur lesquelles elle est fondée, faisons seulement attention à l'opinion, qui recule la mort de S. Medard au-delà de l'an 559, & voyons, s'il y a quelque raison solide, sur laquelle on puisse établir celle-ci.

Le fondement principal, sur lequel on a voulu établir cette opinion, n'est autre que la vie de S. Medard, mal attribuée par quelques-uns à Fortunat, & donnée au jour par Surius le huitieme de Juin. Examinons donc, si fondé sur cette vie l'on peut avec raison reculer la mort de S. Medard au-delà de l'an 559.

L'Auteur anonyme, par lequel cette vie-là a été écrite, dit au chap. 18, que S. Medard a reçu à gouverner sous S. Remi, son métropolitain, les deux Eglises de Noion & de Tournai, & ensuite il écrit au chap. 29, que S. Medard a gouverné quinze ans l'Eglise de Tournay & qu'étant à l'article de la mort il a été visité par le Roi Clothaire, retournant de l'expédition, dans laquelle il avoit fait périr Chramnus son fils, révolté contre lui. Cette expédition selon le sentiment de presque tous les écrivains modernes tombe sur l'an 560 ou 561, & puisque selon l'Auteur de ladite vie S. Medard doit être mort après cette même expédition, la mort de ce saint Evêque ne sera selon lui arrivée que l'an 560 ou même encore plus tard; mais puisqu'il dit, que S. Medard a été quinze ans évêque de Tournai, comment a-t-il différé jusqu'à l'an 560 la mort de ce même S. Medard, qu'il écrit avoir été fait évêque de Tournai avant la mort de S. Remi, arrivée l'an 532? N'a-t-il donc pas vu, que l'espace intermédiaire entre l'an 560 & l'an 532 monte à plus de quinze ans? Il est très-apparent, que ne sçachant pas bien le tems, auquel arriva l'expédition susdite de Clothaire, il aura aveuglément suivi l'Auteur des Actes des Rois des Francs, déja publiés par plusieurs, & encore en dernier lieu par Dom Martin Bouquet dans le second Tome des écrivains de la France, page 542 & suivantes. J'en juge ainsi, parce qu'en effet l'Auteur de ces Actes, après avoir rapporté au Chap. 28 l'expédition susdite & la mort tragique de Chramnus, ajoute aussi-tôt au Chap. 29, que S. Medard est venu à mourir au même tems. *Tunc quoque*, dit-il, *in illis temporibus beatissimus Medardus episcopus.... migravit ad Dominum*; mais ces Actes-là ne méritent presque aucune foi, & pour cette raison les Savans sont accoutumés de donner à l'Auteur inconnu, qui les a écrits au huitieme Siecle, le nom de *Fabulateur anonyme*, comme assure ledit Bouquet dans l'avis, qu'il a mis à la tête des actes en question. Telle est vraisemblablement la source, où l'Auteur de la vie de S. Medard, publiée par Surius, paroît avoir puisé le peu d'intervalle de tems, qu'il met entre la défaite de Chramnus & la mort de S. Medard; mais puisque cette source-là, comme je viens de le dire, ne mérite presqu'aucune foi, cet écrivain n'en mérite également que très-peu, & par conséquent l'opinion, qui fondée sur cet Auteur recule la mort de S. Medard au-de-là de l'an 559, considérée en elle-même n'a aussi que très-peu de probabilité.

Il est vrai, que Gregoire de Tours, ayant raconté au livre 4 de son Histoire la mort de Theodebalde, Roi des Francs, arrivée l'an 555, dit au Chapitre 19 du même livre, *Tempore quoque Chlotacharii Regis sanctus Dei Medardus episcopus... diem obiit*, & que de cette façon l'Auteur anonyme des Actes des Rois des Francs, ainsi que celui, qui a écrit la vie de S. Medard, publiée par Surius, peut avoir eu quelque raison de reculer la mort de S. Medard au-delà de l'an 559, &

d'articuler un fait, d'où il suivroit qu'elle ne seroit arrivée que l'an 560 ou encore plus tard; mais l'expression *tempore quoque Chlotacharii Regis* étant générale & ne désignant aucune date déterminée s'étend indistinctement à tout le temps du regne de Clothaire, qui a duré depuis l'an 511 jusqu'à l'an 561, & par conséquent l'évenement de la mort de S. Medard, auquel cette expression se rapporte, n'est pas lié, quant au tems, avec ce que Grégoire raconte immédiatement avant & après ce même évenement.

Cette réponse est à-peu-près la même, dont M. des Roches s'est servi dans son Mémoire pag. 656 & 657 en répondant à ceux, qui à cause du passage cité de Grégoire prétendroient absolument, qu'il faille faire mourir S. Medard l'an 560; or, puisqu'elle paroît très-juste, ce passage ne donne assûrément que très-peu ou point de probabilité à l'opinion de ceux-ci.

Mais, dira-t-on, puisque cette opinion, de quelque façon qu'on la considere, est si peu fondée & que M. Des Roches en rejette lui-même l'appui principal, c'est-à-dire, le passage susdit de Grégoire de Tours, comment l'argument, qui doit tirer presque toute sa force de cette même opinion, a-t-il pu paroître à ce Monsieur le plus fort de tous ceux, qui jusqu'à présent aient été proposés contre le plus ample des testamens, attribués à S. Remi? C'est ce qu'on ne comprend pas d'abord assez bien. Cependant en considérant la chose un peu plus attentivement, je pense que c'est peut-être parce que ladite opinion, malgré tout ce qu'il semble dire de contraire, lui a paru très-probable, à moins qu'on ne montre par des Auteurs Contemporains, que S. Medard ait été évêque avant la mort de S. Remi & qu'il ne puisse avoir vecu jusqu'à l'an 560.

J'en juge ainsi, parce que M. des Roches, ayant proposé contre le testament de S. Remi l'objection, ci-dessus rapportée & ayant néanmoins aussi dit, que les années de l'épiscopat de S. Medard ne sont pas assez bien déterminées pour pouvoir en conclure la supposition du testament de S. Remi, parle ensuite à la page 653 de cette façon : *Pour savoir à quoi nous en tenir, abandonnons les raisonnemens des Modernes, & cherchant dans les anciens quelque fil, qui nous fasse sortir du Labyrinthe, voyons, si le sacre de S. Medard... n'a pu avoir lieu avant la mort de S. Remi;* & parce qu'ayant, comme il dit, démontré par le témoignage des Auteurs Contemporains, que du vivant de S. Remi S. Medard a été Evêque, il ajoute : *Les Siecles suivans, sur-tout le neuvieme & le dixieme m'auroient fourni un plus grand nom-*

bre de preuves. J'aurois pu citer la vie de S. Eleuthere, le catalogue des évêques de Noion, & les Chroniqueurs les plus estimés. Je m'en suis abstenu, parce que j'étois persuadé, que dix authorités semblables ne valent pas celle d'un Contemporain. Voilà donc, pourquoi je pense, que la raison susdite a porté M. Des Roches à regarder comme très-probable l'opinion, qui lie la mort de S. Medard avec l'an 560; mais pour faire voir le peu de probabilité de cette opinion, est-il absolument nécessaire de montrer par le témoignage des Auteurs Contemporains, que du vivant de S. Remi S. Medard ait été évêque & qu'il ne puisse avoir vécu jusqu'à l'an 560? Les raisons, par lesquelles j'ai montré ci-dessus le peu de probabilité de cette même opinion, montrent assez évidemment le contraire, & bien s'en prend-t-il à M. Des Roches, que la chose soit ainsi; car sans cela le grand argument, qu'il propose contre le testament de S. Remi, retiendroit toute la force, qu'il lui attribue, & contribueroit contre son intention à en prouver la supposition. A la vérité il prétend avoir demontré par des Auteurs Contemporains, que S. Medard a été évêque avant la mort de S. Remi & ne peut avoir vecu jusqu'à l'an 560; mais les témoignages des Auteurs Contemporains, qu'il allegue, ne prouvent, à ce qu'il me paroît, ni l'un ni l'autre de ces deux points. Il sera aisé d'en juger, parce que je vais maintenant dire à ce sujet.

M. des Roches dit à la page 654, qu'eu égard à ce que Grégoire de Tours écrit au livre 3, Chap. 7 de son Histoire, la conquête de la Thuringe par Thierri & Clothaire, par laquelle Radegonde, niece du Roi de Thuringe, tomba au pouvoir de Clotaire, a été faite immédiatement après la mort de Clomodir leur frere, arrivée l'an 524. Il dit de plus, que cette jeune Princesse, n'étant alors pas encore nubile, n'a été prise en mariage par Clotaire qu'environ quatre ans après, & qu'après six ans de mariage ayant pris le voile, ce dernier événement doit se rapporter à l'an 534 au plus tard; or puisque S. Medard étoit alors évêque, il en conclud, que très-probablement il aura aussi été évêque avant la mort de S. Remi. Mais supposé, que S. Medard ait réellement été évêque dès l'année 534, en devient-il d'abord très-probable, qu'il l'ait aussi été avant l'année 532, pendant le cours de laquelle S. Remi est venu à mourir? Je ne vois rien, qui nous porte à regarder cette conséquence comme légitime.

De plus le raisonnement de M. Des Roches

ne prouve pas que S. Radegonde ait pris le voile au plus tard en l'an 534. Il faudroit pour cela, que la conquête de la Thuringe par Thierri & Clotaire eût effectivement été faite l'an 524, & que Ste. Radegonde eût alors été âgée au moins de huit ans; mais est-il bien sûr, que la conquête de la Thuringe n'ait pas été faite plus tard? Il est vrai, que Grégoire de Tours, après avoir parlé de la mort de Clodomir, arrivée l'an 524, raconte d'abord la conquête de la Thuringe; mais il ne dit pas un seul mot, dont on puisse inférer, qu'il n'y ait pas eu deux ou trois années intermédiaires entre l'un & l'autre de ces deux événemens, & l'on sait qu'il n'est pas rare de trouver dans Grégoire des événemens, qui, quoiqu'ils ne soient arrivés ni au même temps, ni à peu près au même temps, y sont néanmoins rapportés les uns immédiatement après les autres.

Quant à Sigebert & Adon, que M. Des Roches allegue également pour constater l'époque, qu'il assigne à la conquête de la Thuringe, j'observe que le dernier de ces deux chroniqueurs dans les trois éditions, que j'en ai devant le yeux, ne lie point, comme dit M. Des Roches, cet événement avec l'an 524, mais qu'il le place entre l'an 518 & l'an 527. J'avoue que Sigebert le fait; mais il est très-apparent, qu'il n'en a usé ainsi, que, parce qu'il a obſervé, que Grégoire de Tours, ayant raconté la mort de Clodomir, arrivée l'an 524, rapporte d'abord la conquête de la Thuringe. Quoi qu'il en ſoit, Grégoire de Tours n'exprimant pas clairement le temps, auquel la Thuringe a été conquiſe, & Sigebert étant poſtérieur de pluſieurs ſiecles à cet événement, il faut ici s'en tenir à Procope, auteur du ſixieme Siecle, & par conſéquent contemporain, qui écrit très-expreſſément, que la guerre, par laquelle la Thuringe a été conquiſe par les Francs, n'a été entrepriſe qu'après la mort de Thierri, Roi d'Italie. *Poſt Theodorici obitum*, dit-il au Livre I de la guerre Gothique chap. 13, *Franci, nemine jam obſiſtente, Thoringos bello adorti, ipſorum regem Hermenefridum occidunt ac totam gentem in ditionem ſubjungunt ſuam.* Or, puiſque Thierri, comme Pagi dans ſes Critiques contre Baronius, le prouve très-ſolidement, eſt mort le 30 Aouſt de l'an 526, il s'en ſuit, que la guerre, par laquelle les Francs ont conquis la Thuringe, n'aura été entrepriſe que l'an 527.

Qu'on juge maintenant, ſi M. Des Roches a eu raiſon de prononcer auſſi affirmativement qu'il l'a fait, que l'an 524, auquel il place la conquête de la Thuringe, eſt un point fixe, dont on puiſſe partir ſans crainte de s'égarer. Qu'on juge, ſi ce n'eſt pas envain, qu'il a tâché de prouver par le témoignage de Grégoire de Tours, que Ste. Radegonde a pris le voile tout au plus tard en l'an 534 & que par conséquent S. Medard, qui étoit alors évêque, l'aura aussi très-probablement été avant la mort de S Remi ou l'an 532. Assurement, puisqu'il paroît certain par ce que je viens de dire, que la Thuringe n'a pas été conquise avant l'an 527, on pourroit, en raisonnant comme le fait ci-dessus M. des Roches, très-légitimement conclure que S. Radegonde n'a pris le voile qu'environ l'an 537, & sans doute il ne s'en suivroit pas, que S. Medard ait été très-probablement évêque avant la mort de S. Remi ou l'an 532.

Encore est-il fort douteux, si S. Radegonde n'a pas pris le voile beaucoup plus tard qu'en l'an 537. Car (voyez le troisieme Tome d'Août de l'Ouvrage Bollandien pag. 51) il se trouve des savans, qui prétendent avec assez de raison, que la guerre de Thuringe ayant duré plus d'un an, S. Radegonde n'est point tombée au pouvoir de Clotaire avant l'an 529, & n'a pas été prise en mariage avant l'an 538; d'où l'on pourroit seulement conclure, eu égard aux six années, que Radegonde a partagé le lit de Clotaire, qu'elle a pris le voile l'an 544, & que par conséquent, S. Medard qui étoit alors évêque, l'a été depuis la même année. Mais il ne paroît pas nécessaire de me servir ici de l'argument, que ces savans pourroient me fournir, vu que ce que je viens de dire plus haut, démontre assez, que le témoignage de Grégoire de Tours, allegué par M. Des Roches, ne prouve point, que S. Médard ait été évêque avant la mort de S. Remi. Voyons maintenant, si le témoignage de S. Nicet, archevêque de Treves au sixieme siecle, le prouve mieux.

M. Des Roches raisonne à ce sujet à la pag. 655 de cette façon. *Dans une lettre de S. Nicet, Archevêque de Treves, adressée à la Reine Clodosvinde, épouse du fameux Alboïn, les deux Prélats* (à savoir S. Medard & S. Remi) *sont joints ensemble, comme ayant siégé au même temps. Il s'agit des miracles, qui se faisoient à leurs tombeaux „ Id „ eo fit, ut locus ", dit S. Nicet, " ubi Deus est, ostendatur. Quid de Domino Remigio & de Domino Medardo episcopis, quos tu, credo, vidisti?* Ainsi donc M. Des Roches veut, que S. Medard ait été évêque avant la mort de S. Remi, parce que sans cela il ne peut avoir siégé avec celui-ci, & que néanmoins dans la lettre de S. Nicet ces deux Prélats sont joints ensemble, comme ayant siégé au même temps. Mais l'interprétation, que donne ici M. Des Roches à la lettre de S. Nicet, est-elle bien fondée? Est-il bien certain, que S. Remi & S. Medard y soient joints ensemble, comme ayant siégé au même temps? Si en effet S. Medard n'avoit pas été évêque avant la mort de S. Remi, pourroit-on en inférer, que S. Nicet se seroit écarté de la vérité en disant : *Quid de Domino Remigio & de Domino Medardo Episcopis, quos tu, credo, vidisti*? Ce saint évêque, en supposant cela, ne seroit assurément pas plus tombé en ce défaut, que celui, qui ayant vu les Papes Benoît XIV & Clément XIII, diroit avoir vu ces deux Vicaires de Jesus-Christ, & cependant ceux-ci n'ont certainement pas siégé au même temps. Il est vrai, que S. Nicet parlant de S. Remi parle aussi de S. Medard, & qu'il donne tant à l'un qu'à l'autre le titre d'évêque; mais il ne dit pas un seul mot, dont on puisse conclure, qu'ils aient siégé au même temps.

Il ajoute seulement, que Clodoswinde, à ce qu'il croyoit, les avoit vus; mais falloit-il pour cela, que S. Remi & S. Medard eussent siégé au même temps? Clodoswinde pouvoit sans doute avoir vu S. Remi avant l'an 532, & ensuite S. Medard, quoique celui-ci n'eût été consacré évêque qu'après la mort de S. Remi. De plus, pour que S.

Nicet ait pu dire, que Clodoſwinde avoit vu S. Remi & S. Medard, falloit-il, qu'elle eût vu l'un & l'autre de ces deux Saints, quand ils étoient tous deux évêques? Cela ne paroît point. Mais, puiſque la choſe eſt ainſi, quelle peut donc être la raiſon, pour laquelle M. Des Roches ait dit, que dans la Lettre de S. Nicet il eſt parlé de S. Remi & de S. Medard, comme ayant ſiégé au même temps? Il ne la rapporte pas, & puiſqu'il ne ſemble point, qu'elle ait été bien ſolide, la lettre ou le témoignage de S. Nicet, qu'il allegue, ne prouve également pas, que S. Medard ait été évêque avant la mort de S. Remi.

Cependant, ſi l'on en croit M. Des Roches, ladite lettre de S. Nicet à Clodoſwinde ne prouve pas ſeulement cette époque, mais auſſi l'impoſſibilité de faire vivre S. Medard juſqu'à l'an 560. Voici la façon, dont il tâche de le montrer. *A la vérité*, dit-il page 657, *nous ignorons la date préciſe de cette lettre; mais les circonſtances, qu'elle porte, nous donneront aſſez de lumiere pour le point, que nous cherchons. Clodoſwinde, fille de Clotaire & de ſa premiere femme Ingonde,* (a) *avoit épouſé, comme je l'ai déja remarqué, le fameux Alboin, fondateur de l'empire des Lombards en Italie. Il*

(a) Greg. Tur. lib. 4, cap. 3.

est important d'avoir ici une époque bien déterminée, qui nous conduise au tems de la mort de Clodoswinde. Prenons l'année 568 si clairement marquée dans Paul Diacre, (a) pendant laquelle Alboin entreprit la conquête de l'Italie. Il lui a fallu du tems pour faire les préparatifs de cette grande entreprise & pour se fortifier par des alliances avec des Nations voisines; parmi ces Nations, Paul Diacre nomme expressément les Gepides, les Bulgares, les Sarmates, les Pannoniens, les Sueves, les Noriques. (b) il dit, que 20000 familles Saxonnes se laisserent engager à courir une même fortune avec Alboin. (c) Ajoutez le tems, qu'il a fallu pour pratiquer des intelligences avec Narses, qui l'appella en Italie; vous verrez qu'un si grand appareil a dû absorber au moins deux ans. Il faut encore rétrograder de quelques années, pendant lesquelles Alboin étoit ami & allié des Romains, & leur fournissoit des troupes dans la guerre de Totila. [d] Si de-là nous remontons à son expédition contre les Gepides, on conviendra, que c'est être bien modéré, que de ne placer que 9 ou 10 ans depuis la guerre des Gepides jusqu'à celle d'Italie. Or ce fut dans la premiere de ces guer-

---

(a) Lib. 2. cap. 7. (b) Lib. 2, cap. 26.
(c) Lib. 2, cap 6. (d) Lib. 2, cap. 1 & seq.

res, qu'Alboin emména captive la belle Roſemonde, qu'il épouſa ſur le champ, ſa femme Clodoſwinde étant déja morte. Voyez ci-deſſous le paſſage très-intéreſſant de Paul Diacre, [a] cité Note 5. La lettre de S. Nicet a donc été envoyée long-temps avant la guerre des Gepides. S. Medard étoit mort depuis quelque temps, lorſqu'elle fut écrite. Après cela comment eſt-il poſſible de faire vivre ce ſaint Evêque juſqu'en 560?

Tel eſt le raiſonnement de M. Des Roches, & puiſque dans la lettre de S. Nicet, ſur laquelle il s'appuye, il eſt parlé des miracles, qui du temps de ce Saint s'opéroient aux tombeaux de S. Remi & de S. Medard, il eſt tout-à-fait certain, que S. Medard étoit déja mort, lorſqu'elle fut écrite. Il n'y a pas non plus lieu de douter, qu'elle n'ait été envoyée avant la guerre & la défaite totale des Gepides, vu qu'elle eſt adreſſée à la Reine Clodoſwinde, & que celle-ci étoit morte avant cette guerre-là, comme Paul Diacre nous l'apprend au livre 1, Chap. 27 de ſon Hiſtoire des Lombards. Mais la guerre, par laquelle le Royaume des Gepides a été aboli, a-t-elle, comme le veut M. des Roches, précédé de 9 ou 10 ans au moins

(a) Lib. 1 cap. 27.

l'expédition contre l'Italie, entreprise par Alboin l'an 568 ? C'est ce qui n'est rien moins que certain ; j'avoue, qu'Alboin, ayant été invité par Narses pour s'emparer de l'Italie, il a fallu du temps pour faire les préparatifs de cette grande entreprise, & que par conséquent il faut mettre entre celle-ci & la guerre des Gepides, deux ans ou du moins l'espace de plus d'un an ; mais faut-il aussi mettre entre ces deux événemens quelques années, pendant lesquelles Alboïn étoit ami & allié des Romains, & leur fournissoit des troupes dans la guerre contre les Goths & leur Roi Totila ? C'est ce qui seroit tout-à-fait nécessaire, & même, puisque la guerre de Totila, dans laquelle Alboin a fourni du secours aux Romains, n'a pas été terminée avant l'an 552, il faudroit mettre non-seulement 9 ou 10, mais au moins 17 ans entre la guerre des Gepides, & l'irruption d'Alboin dans l'Italie, si la guerre contre Totila avoit été précédée par la guerre, qui a renversé le Royaume des Gepides ; mais cette guerre-ci est postérieure à celle de Totila. Il est vrai, que Paul Diacre ne raconte la fin de cette derniere guerre, qu'après avoir raconté la fin de la guerre des Gepides ; mais cet écrivain ne rapporte pas toujours les choses selon l'ordre, qu'elles sont arrivées.

Muratori au tome I des Ecrivains d'Italie, ou celui, qui y a fait des obſervations ſur Paul Diacre, l'a très-bien obſervé, & en conſéquence, ſans avoir égard à l'ordre, que ſuit cet hiſtorien, il a placé la guerre des Gepides aux premieres années de Juſtin le Jeune, qui a commencé de regner ſur la fin de l'an 565; de ſorte que ſelon lui cette guerre n'a certainement pas précédé de neuf ou de dix ans l'éxpédition d'Alboin contre l'Italie, & aſſurément il faut avouer, qu'il a raiſon.

Car ſi la guerre des Gepides avoit effectivement précédé de neuf ou de dix ans la guerre d'Alboin, contre l'Italie, il s'enſuivroit, que la premiere de ces deux guerres auroit eu lieu l'an 558 ou 559, & que par conſéquent Clodoſwinde, qui, comme nous avons déja vu, étoit morte au temps de la guerre des Gepides, l'auroit été dès l'an 557 ou encore plutôt. Or, cette Reine des Lombards n'étoit même pas encore morte l'an 561. La lettre même de S. Nicet à cette Princeſſe va nous en fournir la preuve. Elle commence par ces paroles: *Cùm legatos veſtros per Francorum reges, germanos tuos, ire conſpicimus, de proſperitate veſtra ſolliciti ſumus.*

Ainſi donc cette lettre-là a été écrite, quand des Ambaſſadeurs de Clodoſwinde & d'Alboin ſon mari paſſoient par les Royaumes des freres

de

de Clodoswinde. Mais quand cela s'est-il fait ? Les freres de Clodoswinde étoient Charibert, Guntchramne, Chilperic & Sigebert, & puisque leur pere Clothaire, comme Pagi dans sa Critique de Baronius le prouve très-évidemment, n'est mort que vers la fin de l'an 561, & que par conséquent ils n'ont commencé à regner que vers la fin de cette même année, le passage des Ambassadeurs d'Alboin par leur Royaume, dont parle S. Nicet, ne sera assurément pas arrivé avant l'an 561; d'où il suit, que la lettre, dans laquelle ce saint évêque parle de cet événement, n'a également pas été écrite avant cet an, & que par conséquent Clodoswinde étoit alors encore en vie. Or, puisque cette Princesse, comme j'ai déja dit ci-dessus, étoit morte au temps de la guerre des Gepides, il s'ensuit, que cette guerre ne peut avoir eu lieu qu'après l'an 561, & que par conséquent elle n'a point précédé de neuf ou dix ans l'expédition, où la guerre d'Alboin contre l'Italie, arrivée l'an 568. Mais quand donc enfin peut avoir eu lieu la guerre, par laquelle les Gepides ont été totalement défaits, & leur Royaume renversé ? Puisque la guerre des Romains contre Totila n'a été terminée par la mort de ce Prince, que l'an 552, & que par conséquent, la guerre des Gepides, qui, selon ce que je viens de dire, ne peut avoir eu lieu qu'après l'an 561, lui est postérieure, il n'y a rien, qui empêche de reculer celle-ci avec Muratori ou l'Auteur des Observations ci-dessus cité, jusqu'aux premieres années de Justin le Jeune, c'est-à-dire jusqu'aux années 565, 566 ou 567; & il paroît très-croyable, qu'elle aura eu lieu l'an 566.

Quant à ce qui regarde la lettre de S. Nicet à Clodoswinde, qui, comme nous avons vu ci-dessus, étoit morte au temps de cette guerre; Pagi, dans sa Critique, dit, qu'elle a été écrite vers l'an 563; mais Sirmond & après lui, le célebre van Hontheim, Suffragant de Treves, la lient avec l'an 565. Je ne saurois décider avec certitude, lequel de ces deux sentimens soit vrai: mais, puisque du moins ce que j'ai dit ci-dessus ne laisse pas lieu de douter, que ladite lettre n'ait été écrite en l'an 561 où en l'un de quatre suivans, elle n'empêche pas de faire vivre S. Medard jusqu'en 560. A la vérité, il y est parlé de S. Medard, comme étant déja mort; mais on n'y dit pas, que ce saint évêque étoit déja mort depuis long-temps. Les paroles, par lesquelles il y est parlé de lui, sont celles-ci: *Quid de Domino Remigio & de Domino Medardo episcopis, quos tu, credo, vidisti? Non possumus tanta exponere, quanta mirabilia per illos Deum videmus facere*; & je ne vois pas, qu'elles n'eussent pu être dites de S. Remi & de S. Medard, quoique l'un & l'autre n'eût été mort que depuis trois ou quatre ans. S. Medard a fait d'abord après sa mort, grand nombre de miracles ; & c'est ce qu'il faut bien remarquer ici.

M. Des Roches prétend, que les paroles de S. Nicet, que je viens de rapporter, sont des termes du nombre de ceux, qu'on a coutume d'employer, quand on parle d'un homme, mort depuis long-temps ; mais il ne prouve pas ce qu'il dit, & s'il y avoit effectivement quelque inconvénient à dire que ces paroles ou ces termes peuvent être entendus d'un homme, qui seroit seulement mort depuis trois ou quatre ans, ce même inconvénient se rencontreroit également dans le systême de M. Des Roches. Car, puisque dans ce systême, la guerre de Totila, qui par la mort de ce Prince, s'est terminée l'an 552, est postérieure à la guerre des Gepides, il faut, selon M. Des Roches, que cette derniere guerre soit arrivée tout au plus tard l'an 551, & eu égard, que la lettre de S. Nicet à Clodoswinde a précédé la même guerre des Gepides, elle doit dans le même systême, avoir été écrite tout au plus tard l'an 550, & M. des Roches, qui place la mort de S. Medard en l'an 546, doit par conséquent, en suivant son systême, nécessairement dire, que les paroles de S. Nicet, ci-dessus transcrites, peuvent se rapporter à S. Medard, quoique ce saint évêque, quand elles ont été dites, fût seulement mort depuis quatre ans. Je ne sais pas, si M. Des Roches a vu, que la lettre de S. Nicet à Clodoswinde, quoiqu'écrite, comme je l'ai fait voir ci-dessus, après l'an 560, doit néanmoins, dans son systême, avoir été écrite tout au plus tard l'an 550; mais s'il l'a vu, je m'étonne de ce qu'il a avancé, que les paroles de S. Nicet, ci-dessus rapportées, sont des termes du nombre de ceux qu'on emploie, en parlant d'un homme, mort depuis long-temps. Il auroit dû voir, que cela nuisoit à sa propre opinion, par laquelle il place la mort de S. Medard en 546, comme j'ai déja dit; mais, puisque la chose est ainsi, & que néanmoins lesdites paroles, comme je l'ai encore observé, peuvent être entendues d'un homme, qui seroit seulement mort depuis trois ou quatre ans, la lettre de S. Nicet, quoique seulement écrite tout au plus tard l'an 564 ou 565, ne prouve point, qu'il soit impossible de reculer la mort de S. Medard jusqu'à l'an 560, & quoiqu'en dise M. Des Roches, l'envoi de la lettre de S. Nicet à Clodoswinde, la mort de cette Princesse, l'expédition d'Alboin contre Cunimond, Roi des Gepides, la bataille décisive, où celui-ci perdit la vie, les intrigues d'Alboin avec Narses, & ses préparatifs pour la guerre d'Italie peuvent très-bien être arrivés entre l'an 560 & l'an 568, & ce qui est plus, tous ces événemens ont réellement eu lieu pendant cet espace de temps, comme il conste par-tout ce que j'en ai dit ci-dessus.

Quant à la guerre Gothique, elle est arrivée beaucoup plus tôt ; car, comme Pagi dans ses Critiques contre Baronius & nombre d'autres écrivains le démontrent évidemment, elle a été terminée tout-à-fait l'an 553 ou 554, & pour autant qu'elle a regardé Totila en l'an 552, auquel ce Prince a été totalement défait & tué.

Examinons maintenant le dernier argument de M. Des Roches, tendant aussi à prouver, que la mort de S. Medard ne peut être reculée jusqu'à l'an 560. *Nous avons*, dit-il, *dans le second Volume des Analecta de Mabillon, le Testament d'Aredius, fait en 571. On y lit cet article : „ Cellam quoque nostram, „ in honore S. Medardi dedicatam, ... Mo„ nachi Attanenses possideant „. Est-il vraisemblable, qu'onze ans après la mort de S. Medard, il existât déja des Monasteres batis en son honneur?* Tel est l'argument de M. Des Roches.

Mais, puiſque Clothaire, Roi des Francs, qui n'a vécu après la mort de S. Medard ou l'an 545, que ſeize ans, a commencé (Voyez le 2e. tome du Juin Bollandien pag. 74, 85 & 93) à bâtir une nouvelle & magnifique Egliſe en ſon honneur, pourquoi ne pourroit-il pas ſe faire, pourquoi même ne ſeroit-il pas vraiſemblable, qu'onze ans après la mort du même S. Medard on eût auſſi bâti quelque Monaſtere en l'honneur de ce même ſaint ? Il n'eſt point dit dans le Teſtament d'Aredius, qu'il y eût dès-lors pluſieurs Monaſteres, bâtis à l'honneur de S. Medard; il n'y eſt fait mention que d'un ſeul, & cela encore ſans dire la moindre choſe, qui porte à croire, que le mot *cella* y ſoit employé pour marquer un grand Monaſtere. Ce mot, comme on le peut voir dans le Gloſſaire de Du Cange, ſe prend auſſi ſouvent pour ſignifier un petit Monaſtere, dépendant d'un plus grand, & puiſque S. Medard, comme on le peut voir dans ſes Vies, données au jour dans le ſecond tome du Juin Bollandien, a d'abord après ſa mort opéré grand nombre de miracles, pourquoi ne ſe pourroit-il pas, que, la renommée de ſa ſainteté étant en très-peu de temps répandue de tout côté, S. Aredius eût fait bâtir en ſon honneur, un petit Monaſtere pour y envoyer de temps à autre en retraite ſes Cénobites ? Quoi qu'il en ſoit, la choſe n'eſt pas hors de vraiſemblance, &, ſi l'on perſiſtoit à la nier, on pourroit encore répondre que le Teſtament d'Aredius n'eſt point regardé par tous les ſavans comme une piece authentique. Le Pere le Cointe, après en avoir lu quelques paſſages, en parle au deuxieme tome de ſes Annales des Francs, pag. 393, de cette façon : *Superſedemus genealogiæ, Teſtamento ac donationibus Aredii ejuſque matris Pelagiæ, quæ deſcribuntur à Labbeo inter Miſcellanea curioſa, & à Sammarthanis in Gallia Chriſtiana : nullius enim ſunt fidei faſtidiumque pariunt erudito lectori.*

Ainſi donc, tout mûrement conſidéré, le Teſtament d'Aredius ne prouve pas, que la mort de S. Medard ne puiſſe pas être reculée juſqu'à l'an 560, & puiſque les témoignages de S. Nicet & de S. Grégoire de Tours, rappellés ci-deſſus, ne le prouvent pas davantage, & que ces mêmes témoignages démontrent encore moins, que S. Medard ait été évêque avant la mort de S. Remi, M. Des Roches en alléguant ces auteurs & le Teſtament d'Aredius pour prouver ces deux points, n'a point énervé ou affoibli, par le témoignage des auteurs contemporains, l'objection qu'il a lui-même formée contre le Teſtament de S. Remi, vû qu'il n'a pas porté atteinte à l'opinion, qui en reculant la mort de S. Medard au-delà de l'an 559, en fait toute la force. Mais, quoique la chose en soit ainsi, & que par conséquent, eu égard aux seules raisons, alléguées contre cette objection-là par M. Des Roches, elle retienne toutes les forces, que celui-ci lui attribue, cette même objection néanmoins ne prouve en aucune façon la supposition du plus ample des Testamens de S. Remi, elle est une des plus minces, qui aient été faites jusqu'à présent contre l'authenticité de cette piece, & ne mérite qu'à peine le nom d'objection ou de difficulté. Les raisons, que j'ai alléguées ci-dessus, selon lesquelles S. Medard a commencé à être évêque vers l'an 530, & mourut vers l'an 545, démontrent toute la foiblesse de la prétendue formidable objection, inventée par M. Des Roches, & ne prouvent pas moins clairement, que le Bollandiste Suyskens a justement fait ce qu'il a dû faire en ne point se servant de ladite objection.

Mais pour passer enfin au deuxieme des points du Mémoire de M. Des Roches, que j'ai examinés avec attention & résolu de toucher ici, voyons maintenant aussi, si le même Bollandiste Suyskens n'a point fait contre le Testament de S. Remi une objection qu'il n'auroit point dû faire, en faisant valoir celle, qu'il a formée à l'occasion du jeune homme, nommé Chlodoalde, que ce Testament dit avoir donné à S. Remi la terre de Douzy.

Ce Bollandiste la croit la plus forte de toutes les objections, qui aient été faites contre ledit Testament, & il l'appelle *certae suppositionis argumentum.* M. Des Roches, au contraire, prétend, qu'elle n'est d'aucun poids, & que par conséquent elle n'auroit point dû être faite; mais il ne prouve pas ce qu'il avance ici, & il paroît, que l'objection du Bollandiste prouve invinciblement la supposition du Testament.

Pour qu'on en puisse mieux juger, il sera bon, avant d'aller plus loin, de mettre devant les yeux, non-seulement cette objection, mais aussi ce que M. Des Roches y oppose. S. Remi, auquel on attribue le Testament en question, en léguant à l'Eglise de Rheims la terre de Douzy, en latin *Duziacum*, ou *Duodeciacus*, ou aussi, comme d'autres écrivent, *Deduciacus*, s'y exprime au rapport de Frodoard de l'édition de Colvenerius pag. 85 en ces termes: *Duodeciacus verò, sicut à Clodowaldo nobilissimæ indolis puero confirmatum est, tibi heres mea* (Remensis ecclesia) *perpetualiter famuletur*; & plus bas, dans la même édition pag. 86, en confirmant à ſon Egliſe la donation de Coucy & de July, il dit: *Neque priùs de regno ejus, quantùm paſſus eſt pedis, eccleſiæ Remorum jungere volui, donec, ut hoc omnibus eccleſiis adimpleret, obtinui. Sed neque poſt ejus* [Clodovei nimirum] *baptiſmum, niſi Codiciacum & Juliacum, ſuper quibus jam dictus puer ſanctiſſimus & unanimus mihi Clodowaldus, & incolae loci illius multiplicibus Xeniis gravati, obnixè deprecantes, quod regi debebant, eccleſiae meae ſolvendum me petere compulerunt. Quod idem piiſſimus rex* [Clodoveus] *& gratanter accipiens, promptiſſima voluntate largitus eſt, uſibuſque tuis, ſanctiſſima heres mea, juxta ejuſdem piiſſimi datoris præceptum epiſcopali auctoritate firmavi.*

Le Bollandiſte Suykens ayant obſervé que ſelon ces deux paſſages ou Articles du Teſtament de S. Remi, l'une de ces deux donations, qui ſelon les mêmes paſſages ont eu lieu du vivant de S. Remi, doit avoir été faite à ce Saint par le Clodoalde y mentionné, & l'autre par le concours du même Clodoalde, & ſe perſuadant avec raiſon, comme nous verrons ci-après, que ce Clodoalde n'étoit autre que S. Clodoalde, petit-fils de Clovis, communément appellé par les François *S. Cloud*, a fait à ce ſujet le raiſonnement ſuivant.

Il n'eſt point probable, que S. Cloud ait fait la premiere des deux donations ſuſdites; il n'avoit que dix ans, quand S. Remi mourut; il n'avoit pas encore de quoi la faire, & ce n'eſt point la coutume, que des enfans d'un âge ſi peu avancé faſſent des donations pareilles. Quant à la deuxieme des dites donations, ce qui eſt dit dans le ſecond des paſſages du Teſtament ci-deſſus tranſcrits, eſt encore beaucoup plus manifeſtement faux. Car, puiſque S. Cloud n'avoit que dix ans au temps de la mort de S. Remi, c'eſt-à-dire en 532, comment a-t-il pu faire ce qu'on lui y attribue, du vivant de Clovis, qui mourut en 511?

Tel eſt à-peu-près le raiſonnement, que le P. Suyskens nous donne au premier Volume du mois d'Octobre des Bollandiſtes pag. 109.

Voici maintenant, ce que M. Des Roches y oppoſe. *Je ſuis ſûr*, dit-il pag. 649, *que mes Lecteurs ſe ſont déja apperçus, que ce raiſonnement ne porte que ſur une ſuppoſition gratuite. Le Pere Suyskens auroit été bien embaraſſé, ſi quelqu'un lui eût demandé, comment il étoit parvenu à ſavoir, que le jeune homme du Teſtament étoit le petit-fils du Monarque des Francs. Falloit-il être du ſang Royal pour s'appeller Clodoalde? Dans une grande Nation ne pou-*

voit-il pas arriver, que deux enfans eussent le même nom? Les qualités attribuées dans le Testament à ce Clodaalde indiquent-elles nécessairement un Prince du sang des Rois? Personne n'avoit-il la permission d'être Puer sanctissimus & nobilissimæ indolis sans être petit-fils de Clovis? Voilà ce qu'on auroit pu demander au Pere Suyskens; & qu'auroit-il pu répondre?

Oui, j'en conviens, l'on auroit pu faire au Pere Suyskens les demandes, que M. Des Roches vient de faire ici. Rien de plus facile, mais il auroit également été facile au P. Suyskens d'y répondre d'une maniere satisfaisante, & je réponds pour lui, que toutes ces demandes ne sont elles-mêmes fondées que sur une supposition gratuite. M. Des Roches suppose, que les qualités, que le Testament de S. Remi attribue au Clodoalde, dont il parle, ont porté le P. Suyskens à croire, que ce Clodoalde étoit S. Cloud, petit-fils de Clovis; mais il n'en est pas ainsi, & M. Des Roches auroit pu parvenir à s'en appercevoir lui-même, s'il avoit fait attention, que le P. Suyskens s'en rapporte au Commentaire sur la vie de S. Cloud, fait par le P. Stilting. Ce Commentaire se trouve au troisieme du mois de Septembre de l'Ouvrage Bollandien depuis la pag. 91 jusqu'à la pag. 98, & si M. des Roches s'étoit seulement donné la peine d'en lire le deuxieme §. nomb. 18 & 19, il auroit vu, que la raison pour laquelle le P. Suyskens a pris le Clodoalde du Testament de S. Remi pour S. Cloud, n'a aucun rapport avec les qualités, que ce Testament attribue au Clodoalde, dont il fait mention; il auroit vu, comment le P. Suyskens, ainsi que le P. Stilting, étoit parvenu à savoir, que le jeune homme du Testament étoit le petit-fils du Monarque des Francs, & l'ayant remarqué il n'auroit apparemment pas osé dire, comme il dit après les paroles ci-dessus transcrites, qu'on ne prouvera jamais, que l'Auteur du Testament ait entendu parler de S. Cloud.

Mais, dira-t-on, quelle est donc la façon, par laquelle le P. Suykens soit parvenu, ou par laquelle l'on puisse parvenir à savoir, que le Clodoalde, dont il est parlé dans le Testament de S. Remi, soit S. Cloud, petit-fils de Clovis? La voici cette façon.

Le Clodoalde, dont il est fait mention dans le Testament de S. Remi, est sans doute le Clodoalde, qui a réellement donné à S. Remi la terre de Douzi. Ceci ne paroît pas pouvoir être contesté, vû que dans le Testament même il est dit, que le Clodoalde, dont il y est fait mention, a donné à

S. Remi cette terre-là. Or le Clodoalde, qui a donné à S. Remi la terre de Douzi, est S. Cloud, petit-fils de Clovis.

Je prévois déja, que M. Des Roches niera cette assertion; mais Hincmar, archevêque de Reims au neuvieme siecle, nous en fournit la preuve, en écrivant (voyez l'Ouvrage Bollandien au septieme Septembre, pag. 95, ou au premier Octobre pag. 157) dans la vie de S. Remi, ce qui suit: *Filius Chlodomiri, filii Chludowici* (a) *Regis, nomine Chlodoaldus, interfectis fratribus suis, quos unà cum eo post patris obitum Chrotildis Regina nutriebat, in clericum se totondit: & processu temporis vitæ ac religionis suæ merito partem hereditatis à patruis regibus obtinuit. De qua Duziacum villam in pago Mosomagensi cum appenditiis suis sancto Remigio ac Remensi ecclesiæ tradidit; & villam Ruilliacum in pago Biturico sancto Dionysio delegavit. Villam verò Novientum in pago Parisiaco, cum omnibus ad se pertinentibus, matri ecclesiæ Parisius civitatis, ubi presbyter extitit ordinatus, donavit. In qua villa plenus virtutibus migrans ad Dominum, in ecclesia, quam ipse ædificaverat, corpore fuit in pace sepultus.* Ainsi donc le Clodoalde, qui a donné à S. Remi, la terre de Douzi, est S. Cloud, pe-

(a) *Clodovei.*

tit-fils de Clovis, comme ces paroles d'Hincmar en font ſoi.

L'Auteur du plus ample des Teſtamens de S. Remi en a certainement eu connoiſſance, & s'imaginant, que S. Cloud avoit fait cette Donation à S. Remi, quand ce Prélat étoit encore en vie, il l'a inſérée dans le Teſtament, qu'il a fabriqué, comme un fait arrivé du vivant de S. Remi; mais quoique S. Cloud ait réellement donné à S. Remi la terre de Douzi, cette donation néanmoins n'a été faite par S. Cloud qu'après la mort de S. Remi, & ces paroles *Duziacum villam.... ſancto Remigio ac Remenſi Eccleſiæ tradidit*, qu'Hincmar dit touchant S. Cloud, ſignifient ſeulement que S. Cloud a donné la terre de Douzi en l'honneur de S. Remi à l'Egliſe de Reims, où ce ſaint eſt honoré. Cela paroît tout-à-fait certain; car cette donation, faite à S. Remi, doit être entendue dans le même ſens, dans lequel doit être entendue la donation, dont Hincmar parle immédiatement après, diſant du même S. Cloud *villam Ruillicacum... ſancto Dionyſio delegavit.* Or cette derniere donation, faite à S. Denis, eu égard aux différens ſiecles, où ces deux ſaints ont vécu, doit certainement être entendue dans le ſens ci-deſſus expoſé, & par conſéquent l'autre doit l'être auſſi.

Rien de plus commun à plusieurs écrivains, que de dire, que telle ou telle chose a été donnée à tel ou tel saint, quand elle a été donnée à l'Eglise, consacrée en son honneur.

Mais on m'objectera peut-être que la Vie de S. Remi par Hincmar, dans laquelle se trouve que S. Cloud a donné à S. Remi la terre de Douzi, contient nombre de fables; j'avoue que cette production d'Hincmar n'en est pas exempte; mais elle comprend aussi grand nombre de vérités, & il n'y a pas lieu de douter, que la donation de la terre de Douzi par S. Cloud n'en soit une, vu que, cette donation ayant été faite à l'Eglise de Reims, Hincmar, qui en étoit Archevêque, l'aura apprise selon toutes les apparences par les Archives de cette même église ou du moins par des anciens écrits, qu'il a eus devant les yeux, comme il dit lui-même dans le Prologue de ladite vie. De plus Hincmar n'est contredit en ce point par qui que ce soit, il en savoit assurément plus que nous, & il ne dit pas seulement dans la vie de S. Remi que S. Cloud a donné ladite terre à ce saint, mais aussi dans l'Histoire de Reims par Frodoard [voyez en l'édition de Colvenerius, pag. 421 & 422] dans deux lettres différentes, dont il a écrit l'une à Louis, fils de Louis, Roi de Germanie

manie, l'autre à Lothaire, fils de l'Empereur Lothaire, & puisque pour détourner ces Princes de troubler l'Eglise de Reims dans la possession de la terre de Douzi, il y dit positivement & sans témoigner aucun doute, qu'elle avoit été donnée à S. Remi par S. Cloud, il faut, qu'il en fût bien assuré, & que par conséquent il l'eût appris de très-bonne part. Ainsi donc tout mûrement pesé, il n'y a pas lieu de douter, que S. Cloud n'ait réellement donné à S. Remi la terre de Douzi, & que par conséquent l'Auteur du Testament n'ait entendu parler de S. Cloud par le Clodoalde, qu'il dit avoir donné, du vivant de S. Remi, à ce même saint la terre de Douzi, & avoir eu part dans la donation de celles de Coucy & de July.

Or, puisque S. Cloud n'avoit au temps de la mort de S. Remi que dix ans, le P. Suyskens en a fort bien conclu, qu'il n'est point probable, que la premiere de ces deux donations ait été faite alors, & que ce qui est dit dans le Testament touchant la deuxieme, est encore beaucoup plus manifestement faux, vu que ce que l'on y attribue à S. Cloud, devroit être fait du vivant de Clovis, mort l'an 511, & que S. Cloud n'étoit alors pas encore en vie; d'où il suit, que le Testament de S. Remi, dans lequel néanmoins il eſt parlé de S. Cloud, comme ayant fait du vivant de S. Remi la premiere de ces deux donations & auſſi comme ayant eu part dans la deuxieme, doit être rejettée comme une piece ſuppoſée, & que par conſéquent le P. Suyskens a eu raiſon d'appeller l'objection, tirée de ces deux paſſages ou articles du Teſtament de S. Remi, *certæ ſuppoſitionis argumentum.* Il s'enſuit de plus, que le P. Suyskens, en employant cette objection pour démontrer la ſuppoſition du Teſtament, n'a point fait une objection, qu'il n'auroit point dû faire, & qu'au contraire en s'en ſervant il a produit la conviction. M. Des Roches lui-même n'en peut diſconvenir : car, puiſqu'il avoue, que le raiſonnement du P. Suyskens eſt déciſif contre Miræus, parce que celui-ci marque en marge, que le Clodoalde, dont il eſt parlé dans le Teſtament de S. Remi, eſt S. Cloud, il doit également avouer, que ce même raiſonnement eſt auſſi déciſif contre l'Auteur du Teſtament, vu que celui-ci, en parlant du Clodoalde, qu'il dit avoir donné à S. Remi la terre de Douzi, a voulu parler de S. Cloud, comme je crois l'avoir évidemment démontré.

FIN.

APPROBATION.

La Réponſe de l'Ancien des Bollandiſtes Corneille de Bye au Mémoire de M. Des Roches touchant le Teſtament de S. Remi, inſéré au deuxieme Tome des nouveaux Mémoires de l'Académie Impériale & Royale des Sciences & Belles-Lettres, établie à Bruxelles, peut être imprimée. Fait à Bruxelles, ce 27 Septembre 1780.

C. J. Leyniers, *Lib. Cenſ.*

P. Reuss, *Conſeiller & Procureur général.*

www.ingramcontent.com/pod-product-compliance
Ingram Content Group UK Ltd.
Pitfield, Milton Keynes, MK11 3LW, UK
UKHW021516260726
13993UKWH00004B/1698

9 782329 153391